**AF188052**

Impressum
Verlag: BABADADA GmbH, Nedderfeld 112 , 22529 Hamburg
Geschäftsführer / Verlagsleitung: Harald Hof
Druck: Books on Demand GmbH, In de Tarpen 42, 22848 Norderstedt

Imprint
Publisher: BABADADA GmbH, Nedderfeld 112 , 22529 Hamburg, Germany
Managing Director / Publishing direction: Harald Hof
Print: Books on Demand GmbH, In de Tarpen 42, 22848 Norderstedt, Germany

# kool

# xue xiao

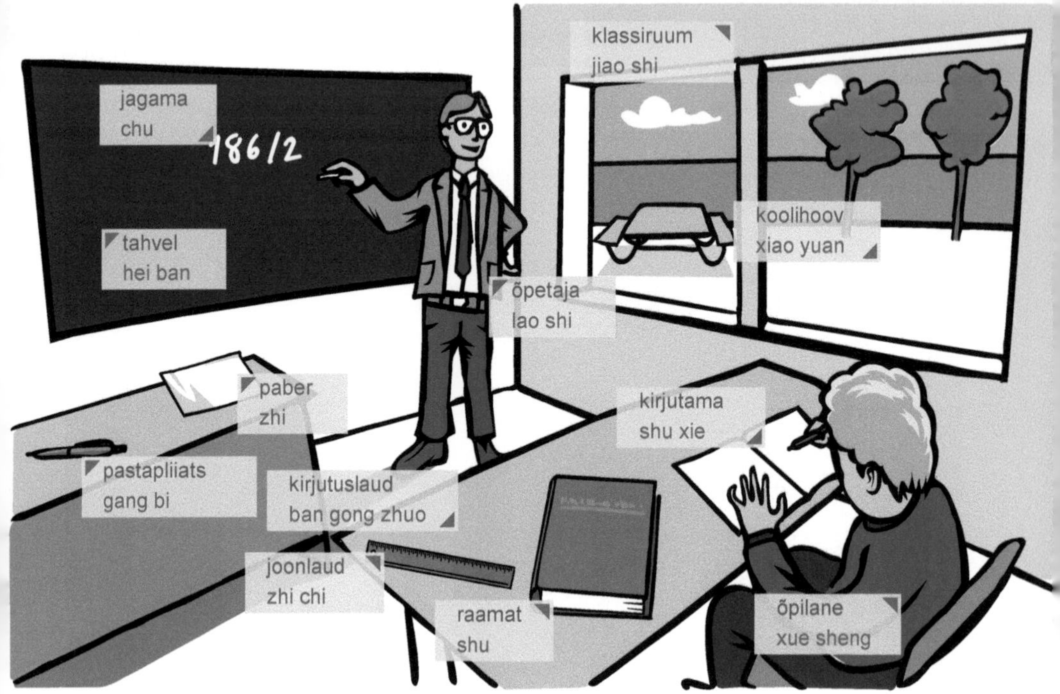

klassiruum
jiao shi
jagama
chu
186/2
tahvel
hei ban
koolihoov
xiao yuan
õpetaja
lao shi
paber
zhi
kirjutama
shu xie
pastapliiats
gang bi
kirjutuslaud
ban gong zhuo
joonlaud
zhi chi
raamat
shu
õpilane
xue sheng


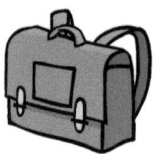

koolikott

shu bao

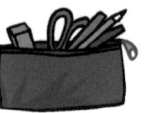

pinal

qian bi he

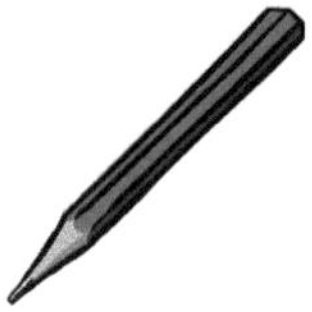

harilik pliiats

qian bi

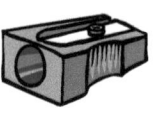

pliiatsiteritaja

juan bi dao

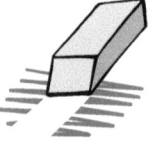

kustukumm

xiang pi ca

joonistusplokk

hua ban

joonistus

tu hua

pintsel

hua bi

värvikarp

yan liao he

käärid

jian dao

liim

jiao shui

töövihik

lian xi ce

kodutöö

jia ting zuo ye

12

number

shu zi

2+2

liitma

jia

5-2

lahutama

jian

2×2

korrutama

cheng

arvutama

ji suan

A

täht

zi mu

ABCDEFG
HIJKLMN
OPQRSTU
VWXYZ

tähestik

zi mu biao

sõna

zi

tekst

ke wen

lugema

du

kriit

fen bi

koolitund

shang ke

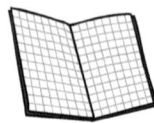

klassipäevik

deng ji

eksam

kao shi

tunnistus

zheng shu

koolivorm

xiao fu

haridus

jiao yu

entsüklopeedia

bai ke quan shu

ülikool

da xue

mikroskoop

xian wei jing

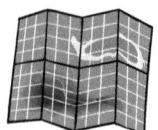

kaart

di tu

paberikorv

fei zhi kuang

# reisimine

## lü xing

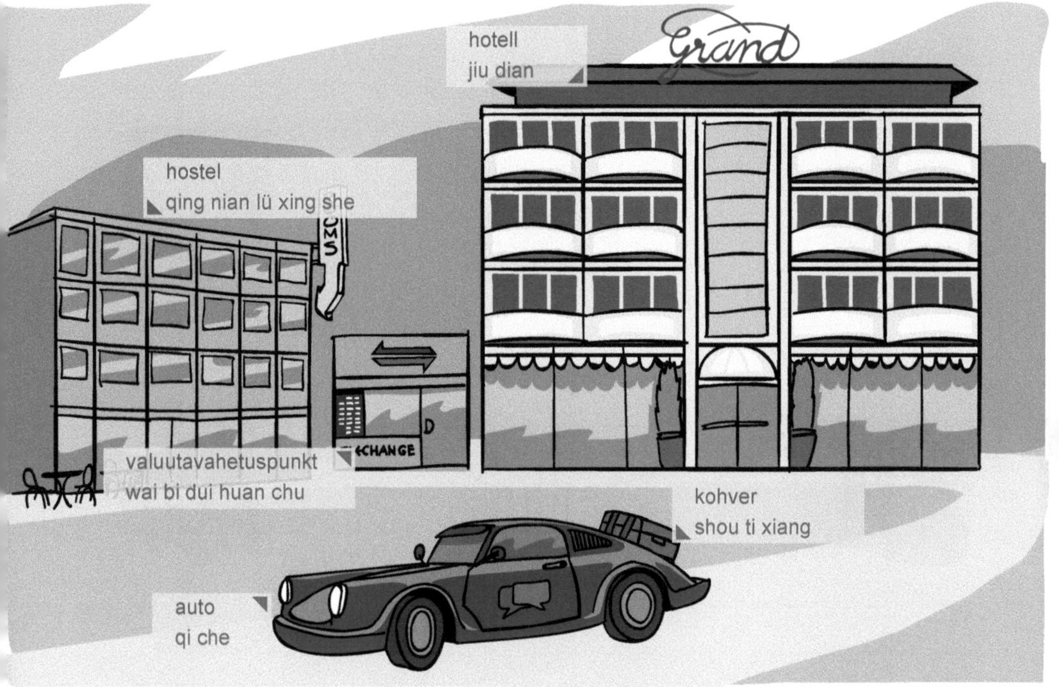
hotell
jiu dian
Grand
hostel
qing nian lü xing she
valuutavahetuspunkt
wai bi dui huan chu
kohver
shou ti xiang
auto
qi che

keel

yu yan

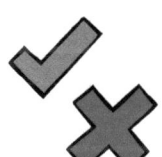

jah / ei

shi/fou

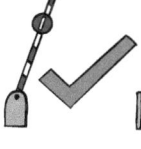

okei

hao de

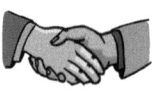

Tere!

nin hao

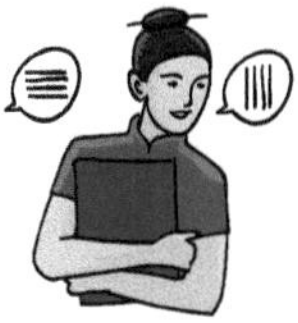

tõlk

fan yi yuan

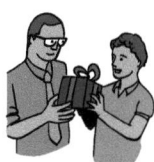

Aitäh!

xie xie

Kui palju maksab ...?

......duo shao qian?

Ma ei saa aru

wo bu ming bai

probleem

wen ti

Tere õhtust!

wan shang hao!

Tere hommikust!

zao shang hao!

Head ööd!

wan an!

Head aega!

zai jian

suund

fang xiang

pagas

xing li

kott

bao

seljakott

shuang jian bao

külaline

ke ren

tuba

fang jian

magamiskott

shui dai

telk

zhang peng

| | | |
|---|---|---|
|  |  |  |
| turismiinfo | rand | krediitkaart |
| lü you xin xi | hai tan | xin yong ka |
|  |  |  |
| hommikusöök | lõunasöök | õhtusöök |
| zao can | wu can | wan can |
| 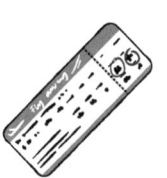 |  |  |
| pilet | lift | postmark |
| piao | dian ti | you piao |
| 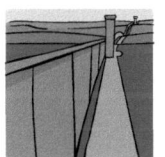 |  |  |
| riigipiir | toll | saatkond |
| bian jie | hai guan | da shi guan |
|  |  | |
| viisa | pass | |
| qian zheng | hu zhao | |

# transport
## jiao tong yun shu

lennuk
fei ji

laev
chuan

tuletõrjeauto
xiao fang che

veoauto
ka che

buss
gong jiao che

mootorpaat
qi ting

jalgratas
zi xing che

auto
qi che

praam

bai du chuan

paat

xiao chuan

mootorratas

mo tuo che

politseiauto

jing che

võidusõiduauto

sai che

rendiauto

zu che

ühisauto

pin che

puksiirauto

tuo che

prügiauto

la ji che

mootor

fa dong ji

kütus

qi you

tankla

jia you zhan

liiklusmärk

jiao tong biao zhi

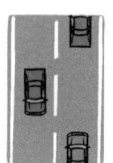

liiklus

jiao tong

liiklusummik

jiao tong du sai

parkla

ting che chang

raudteejaam

huo che zhan

rööpad

gui dao

rong

huo che

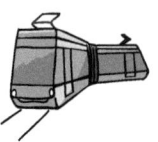

tramm

dian che

vagun

huo che

helikopter

zhi sheng ji

lennujaam

ji chang

torn

ta

reisija

cheng ke

konteiner

ji zhuang xiang

pappkast

zhi ban xiang

käru

shou tui che

korv

lan zi

õhku tõusma / maanduma

qi fei/jiang luo

## linn

## cheng shi

küla

cun zhuang

kesklinn

shi zhong xin

maja

fang zi

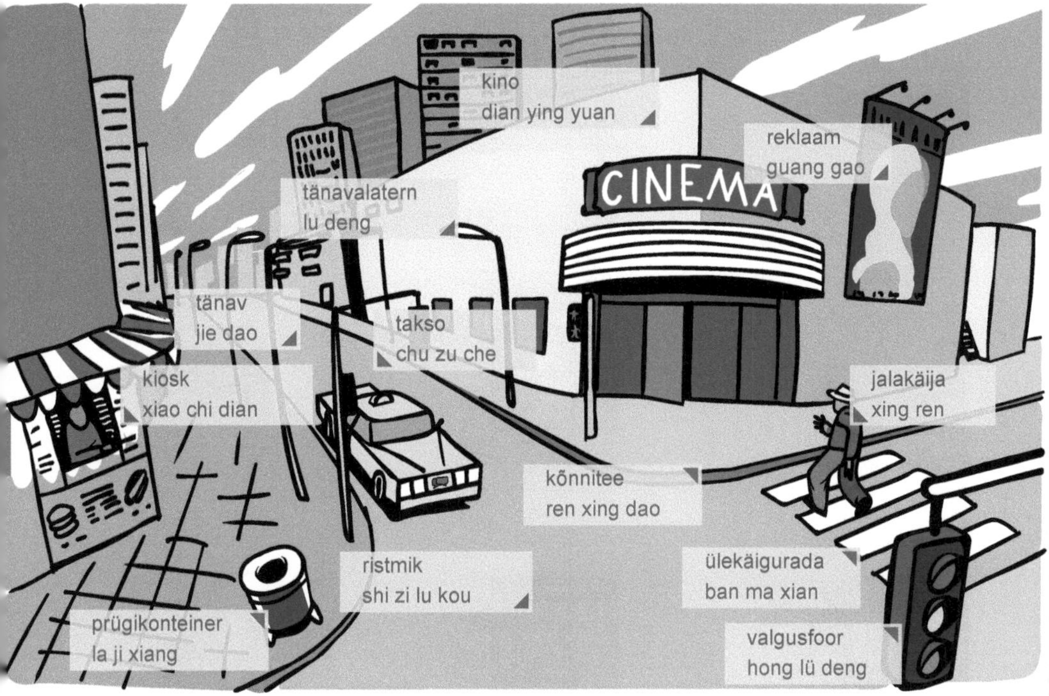

kino
dian ying yuan

reklaam
guang gao

tänavalatern
lu deng

CINEMA

tänav
jie dao

takso
chu zu che

kiosk
xiao chi dian

jalakäija
xing ren

kõnnitee
ren xing dao

ristmik
shi zi lu kou

ülekäigurada
ban ma xian

prügikonteiner
la ji xiang

valgusfoor
hong lü deng

osmik

xiao wu

kortermaja

gong yu

raudteejaam

huo che zhan

raekoda

shi zheng ting

muuseum

bo wu guan

kool

xue xiao

ülikool

da xue

pank

yin hang

haigla

yi yuan

hotell

jiu dian

apteek

yao fang

kontor

ban gong shi

raamatupood

shu dian

kauplus

shang dian

lillepood

hua dian

supermarket

chao shi

turg

shi chang

kaubamaja

bai huo shang dian

kalapood

yu dian

kaubanduskeskus

gou wu zhong xin

sadam

hai gang

park

gong yuan

pink

chang deng

sild

qiao

trepp

lou ti

metroo

di tie

tunnel

sui dao

bussipeatus

gong jiao che zhan

baar

jiu ba

restoran

can guan

postkast

you tong

tänavasilt

lu biao

parkimisautomaat

ting che ji shi qi

loomaaed

dong wu yuan

ujula

you yong guan

mošee

qing zhen si

talu
nong chang

reostus
wu ran

surnuaed
mu di

kirik
jiao tang

mänguväljak
cao chang

tempel
si miao

# maastik
# di xing

leht
shu ye

teeviit
zhi shi pai

tee
lu

aas
cao di

kivi
shi tou

matkaja
tu bu lü xing zhe

puu
shu

jõgi
he

rohi
cao

lill
hua

maastik - di xing

org
xia gu

mägi
shan

järv
hu

mets
sen lin

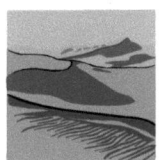

kõrb
sha mo

vulkaan
huo shan

linnus
cheng bao

vikerkaar
cai hong

seen
mo gu

palm
zong lü shu

sääsk
wen zi

kärbes
cang ying

sipelgas
ma yi

mesilane
mi feng

ämblik
zhi zhu

mardikas

jia chong

konn

qing wa

orav

song shu

siil

ci wei

jänes

ye tu

öökull

mao tou ying

lind

niao

luik

tian e

metssiga

ye zhu

hirv

lu

põder

mi lu

pais

shui ba

tuuleturbiin

feng li fa dian ji

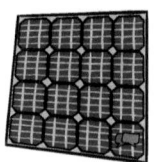

päikesepaneel

tai yang neng dian chi ban

kliima

qi hou

# restoran
# can guan

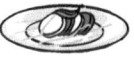

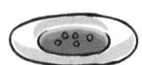

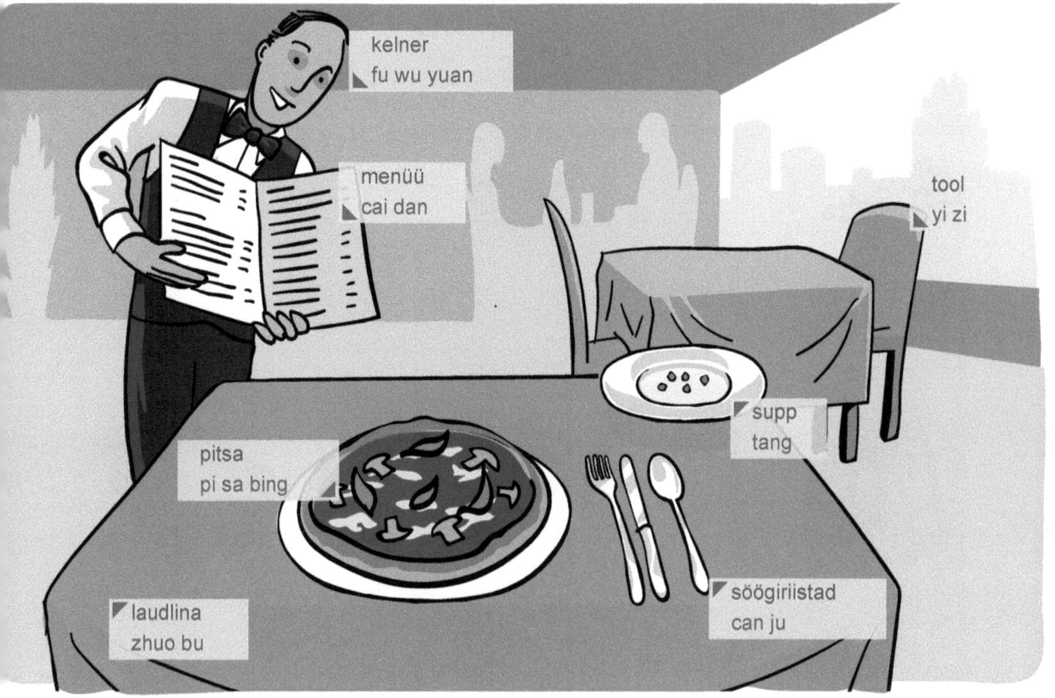
kelner
fu wu yuan
menüü
cai dan
tool
yi zi
supp
tang
pitsa
pi sa bing
laudlina
zhuo bu
söögiriistad
can ju

eelroog
qian cai

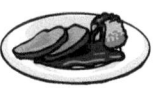

pearoog
zhu cai

magustoit
tian dian

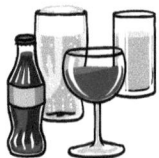

joogid
yin liao

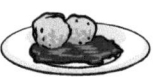

toit
shi wu

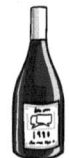

pudel
ping zi

kiirtoit

kuai can

tänavatoit

jie bian xiao chi

teekann

cha hu

suhkrutoos

tang he

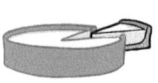

portsjon

yi fen fan cai

espressomasin

yi shi ka fei ji

lastetool

gao jiao yi

arve

zhang dan

kandik

tuo pan

nuga

dao

kahvel

can cha

lusikas

shao zi

teelusikas

cha chi

salvrätik

can jin

klaas

bo li bei

restoran - can guan

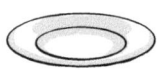

taldrik

die zi

supitaldrik

tang pan

alustass

die zi

kaste

jiang

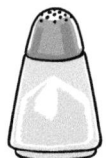

soolatoos

yan ping

pipraveski

hu jiao mo

äädikas

cu

õli

shi yong you

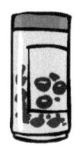

vürtsid

tiao wei liao

ketšup

fan qie jiang

sinep

jie mo

majonees

dan huang jiang

# supermarket
## chao shi

eripakkumine
te jia
FOR
klient
gu ke
piimatooted
ru zhi pin
puuviljad
shui guo
ostukäru
gou wu che

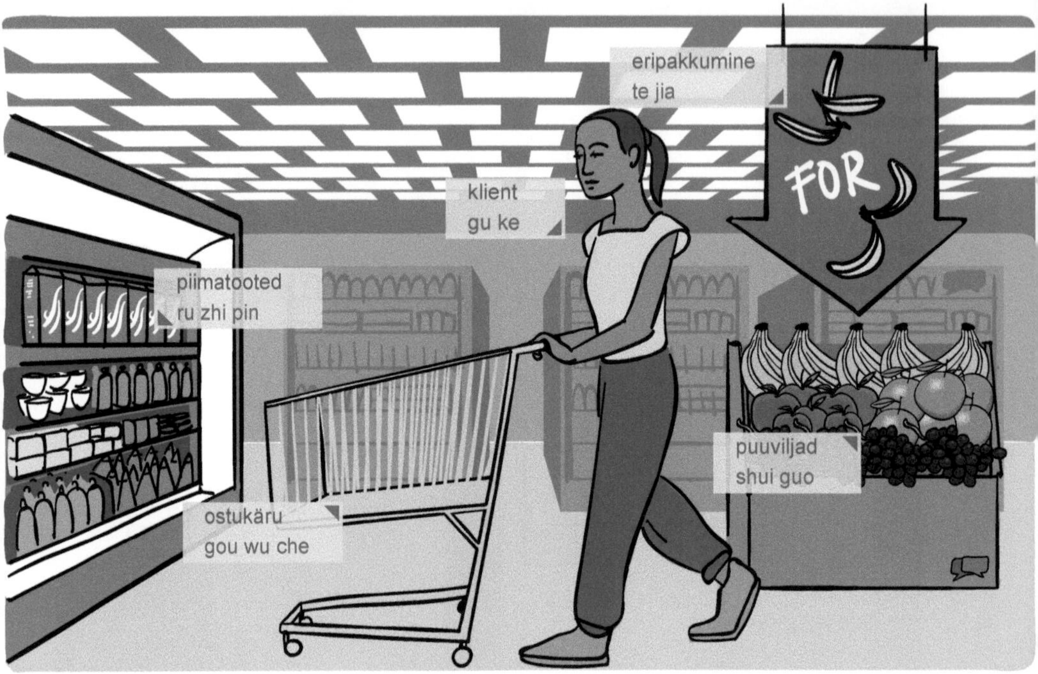

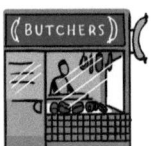

BUTCHERS

lihapood

rou pu

BAKERY

pagariäri

mian bao fang

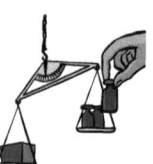

kaaluma

cheng zhong

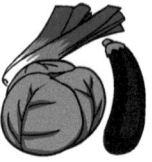

köögiviljad

shu cai

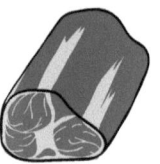

liha

rou

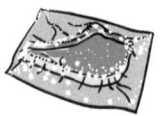

külmutatud toit

leng dong shi pin

lihalõigud

leng pan

konservid

guan tou shi pin

pesupulber

xi yi fen

maiustused

tian shi

majatarbed

ri yong pin

puhastustooted

qing jie yong pin

müüja

xiao shou yuan

kassaaparaat

shou yin ji

kassapidaja

shou yin yuan

ostunimekiri

gou wu qing dan

lahtiolekuajad

kai fang shi jian

rahakott

qian bao

krediitkaart

xin yong ka

kott

dai zi

kilekott

su liao dai

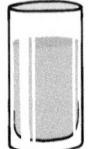

vesi

shui

mahl

guo zhi

piim

niu nai

koola

ke le

vein

hong jiu

õlu

pi jiu

alkohol

jiu

kakao

ke ke

tee

cha

kohv

ka fei

espresso

yi shi nong suo ka fei

cappuccino

ka bu qi nuo

banaan

xiang jiao

õun

ping guo

apelsin

cheng zi

arbuus

xi gua

sidrun

ning meng

porgand

hu luo bo

küüslauk

da suan

bambus

zhu zi

sibul

yang cong

seen

mo gu

pähklid

jian guo

nuudlid

mian tiao

spagetid

yi da li mian tiao

riis

mi fan

salat

sha la

friikartulid

shu tiao

praekartulid

zha tu dou

pitsa

pi sa bing

hamburger

han bao bao

võileib

san ming zhi

šnitsel

zha zhu pai

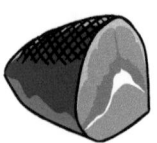

sink

huo tui

salaami

sa la mi

vorst

xiang chang

kana

ji rou

praeliha

kao rou

kala

yu

kaerahelbed

yan mai pian

müsli

mu zi li

maisihelbed

yu mi pian

jahu

mian fen

sarvesai

yang jiao mian bao

kukkel

mian bao juan

leib

mian bao

röstsai

kao mian bao

küpsised

bing gan

või

huang you

kohupiim

ning ru

kook

dan gao

muna

dan

praemuna

jian dan

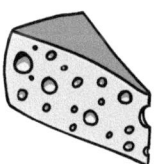

juust

nai lao

jäätis

bing ji lin

suhkur

tang

mesi

feng mi

moos

guo jiang

pähklivõie

qiao ke li jiang

karri

ga li fan

# talu
# nong chang

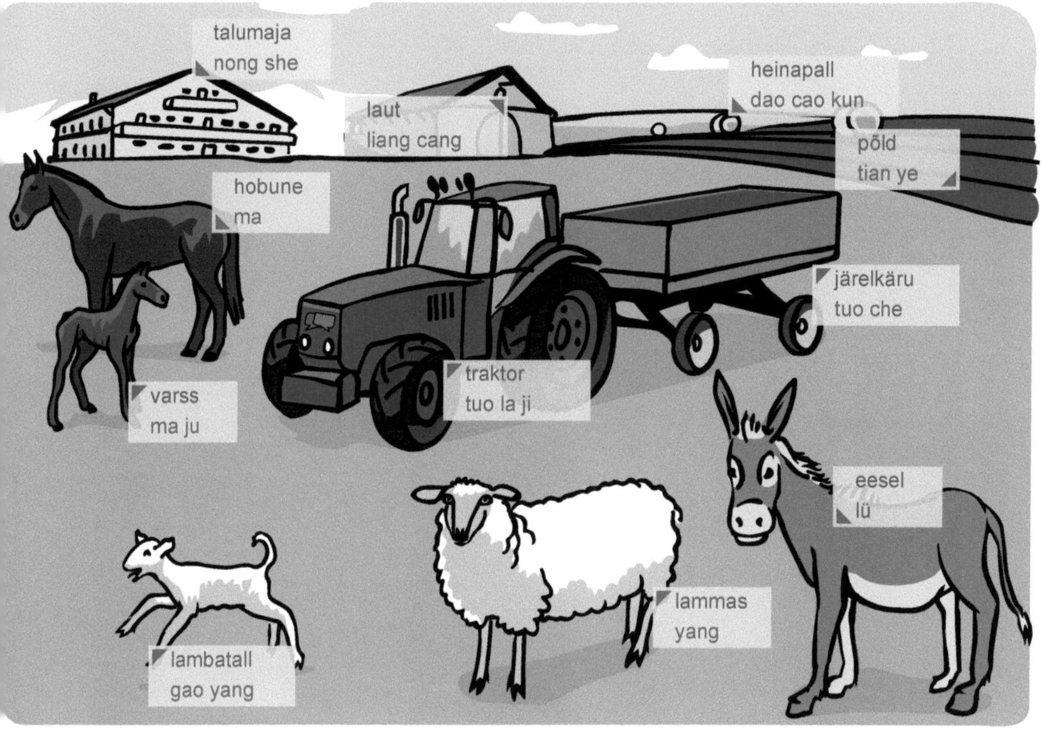
talumaja
nong she
laut
liang cang
heinapall
dao cao kun
põld
tian ye
hobune
ma
järelkäru
tuo che
traktor
tuo la ji
varss
ma ju
eesel
lü
lammas
yang
lambatall
gao yang

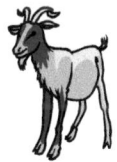

kits

shan yang

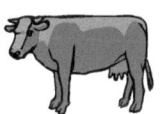

lehm

nai niu

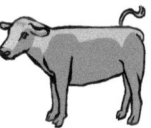

vasikas

niu du

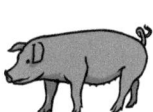

siga

zhu

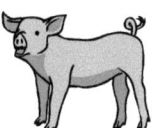

põrsas

xiao zhu

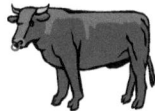

pull

gong niu

hani
......................
e

part
......................
ya

tibu
......................
xiao ji

kana
......................
mu ji

kukk
......................
gong ji

rott
......................
shu

kass
......................
mao

hiir
......................
lao shu

härg
......................
niu

koer
......................
gou

koerakuut
......................
gou wu

aiavoolik
......................
hua yuan jiao shui ruan
guan

kastekann
......................
sa shui hu

vikat
......................
chang bing da lian dao

ader
......................
li

sirp

lian dao

kõblas

chu tou

hang

chang bing cao pa

kirves

fu tou

käru

du lun shou tui che

küna

si liao cao

piimanõu

niu nai guan

kott

ma bu dai

tara

zha lan

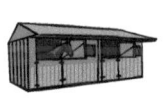

tall

ma jiu

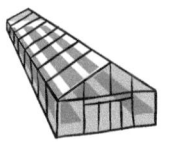

kasvuhoone

wen shi

muld

tu rang

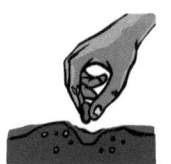

seeme

zhong zi

väetis

fei liao

kombain

lian he shou ge ji

saaki koristama

shou ge

saagikoristus

shou ge

jamss

shan yao

nisu

xiao mai

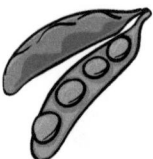

soja

da dou

kartul

tu dou

mais

yu mi

raps

you cai zi

viljapuu

guo shu

maniokk

shu shu

teravili

gu wu

# maja
# fang zi

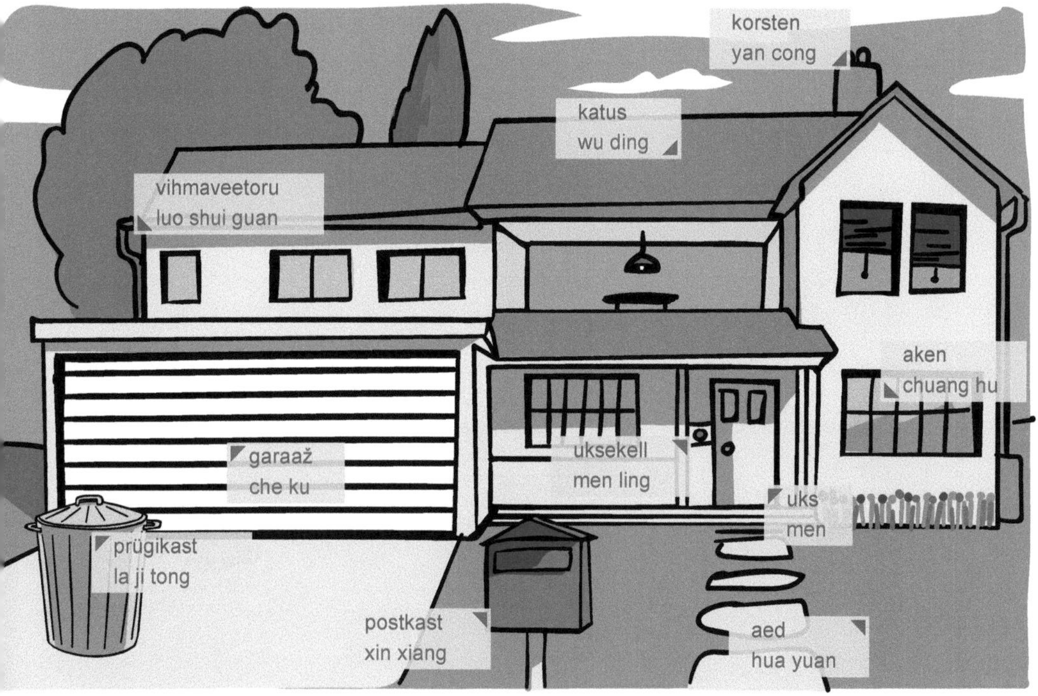

korsten
yan cong
katus
wu ding
vihmaveetoru
luo shui guan
aken
chuang hu
garaaž
che ku
uksekell
men ling
uks
men
prügikast
la ji tong
postkast
xin xiang
aed
hua yuan


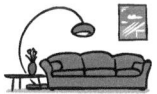

elutuba

ke ting

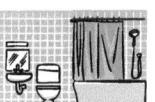

vannituba

yu shi

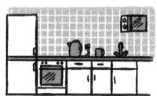

köök

chu fang

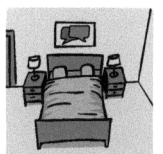

magamistuba

wo shi

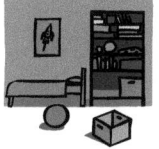

lastetuba

er tong fang

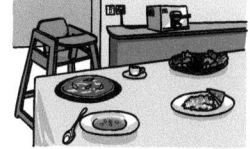

söögituba

can ting

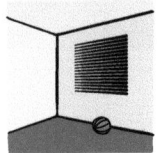

põrand

di ban

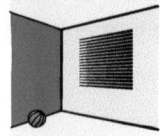

sein

qiang bi

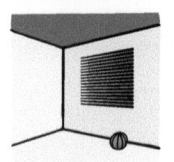

lagi

diao ding

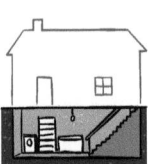

kelder

di jiao

saun

sang na

rõdu

yang tai

terrass

lu tai

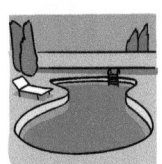

bassein

you yong chi

muruniiduk

ge cao ji

voodilina

bei dan

päevatekk

chuang zhao

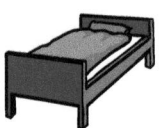

voodi

chuang

luud

sao zhou

ämber

shui tong

lüliti

kai guan

# elutuba

# ke ting

tapeet
bi zhi
pilt
zhao pian
lamp
tai deng
riiul
ge jia
kapp
chu gui
televiisor
dian shi ji
kamin
bi lu
lill
hua
padi
dian zi
diivan
sha fa
vaas
hua ping
kaugjuhtimispult
yao kong qi


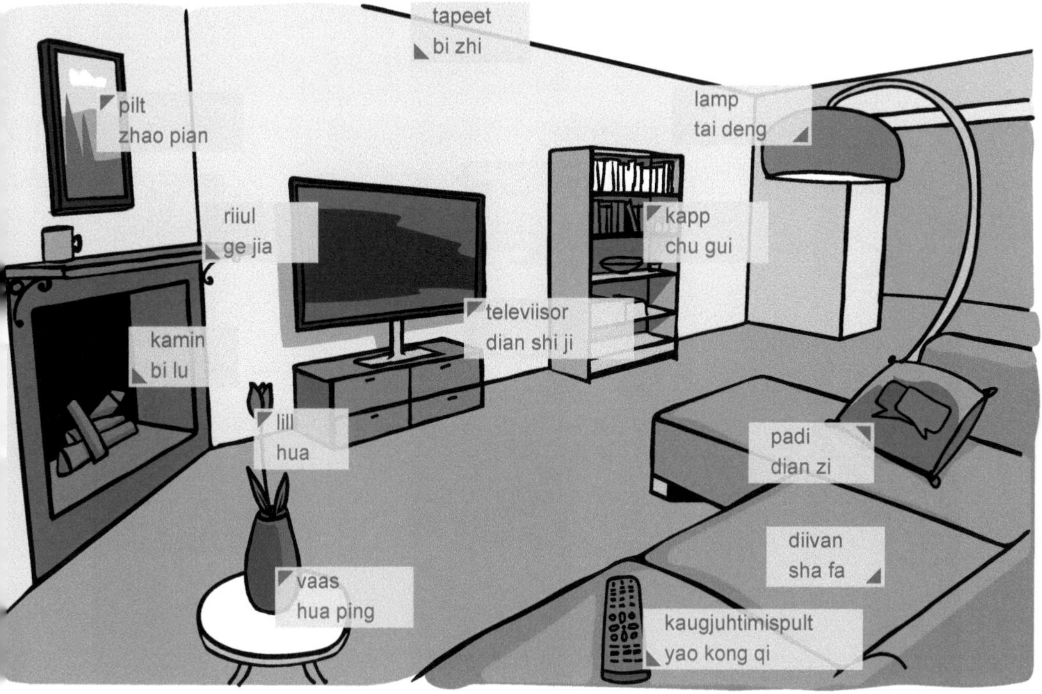

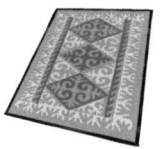

vaip

di tan

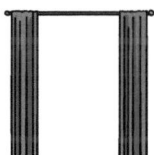

kardin

chuang lian

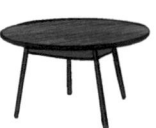

laud

can zhuo

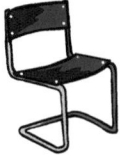

tool

yi zi

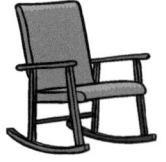

kiiktool

yao yi

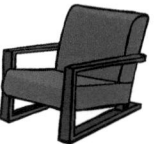

tugitool

fu shou yi

raamat

shu

tekk

tan zi

kaunistus

zhuang shi pin

küttepuud

mu chai

film

dian ying

helisüsteem

gao bao zhen yin xiang

võti

yao shi

ajaleht

bao zhi

maal

you hua

plakat

hai bao

raadio

shou yin ji

märkmik

bi ji ben

tolmuimeja

xi chen qi

kaktus

xian ren zhang

küünal

la zhu

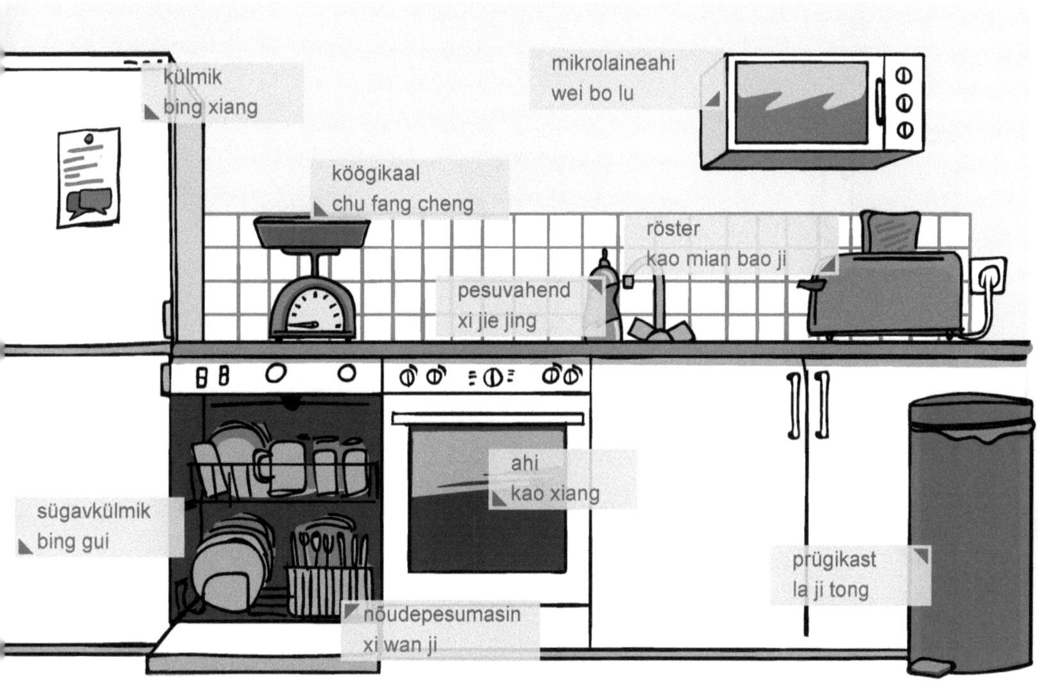

külmik
bing xiang

mikrolaineahi
wei bo lu

köögikaal
chu fang cheng

röster
kao mian bao ji

pesuvahend
xi jie jing

ahi
kao xiang

sügavkülmik
bing gui

prügikast
la ji tong

nõudepesumasin
xi wan ji

pliit

chui ju

pott

guo

malmpott

zhu tie guo

vokkpann

sha guo

pann

ping di guo

veekeetja

shui hu

aurutaja

zheng guo

küpsetusplaat

kao pan

lauanõud

tao ci guo

kruus

ma ke bei

kauss

wan

söögipulgad

kuai zi

kulp

chang bing shao

pannilabidas

chan zi

vispel

jiao ban qi

kurn

lü wang

sõel

shai zi

riiv

mo sui ji

uhmer

yan bo

grill

shao kao

lahtine tuli

ming huo

lõikelaud

cai ban

tainarull

gan mian zhang

korgitser

kai ping qi

konservipurk

guan zi

konserviavaja

kai ping qi

pajakinnas

ge re shou tao

kraanikauss

shui cao

hari

shua zi

pesukäsn

hai mian

kannmikser

jiao ban ji

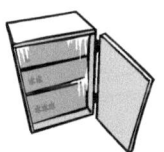

sügavkülmuti

leng cang xiang

lutipudel

nai ping

segisti

shui long tou

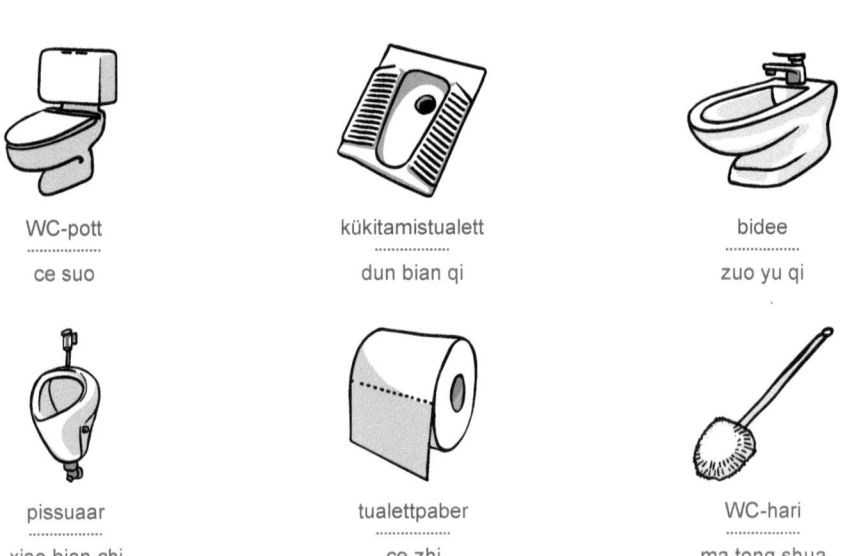

# vannituba
# yu shi

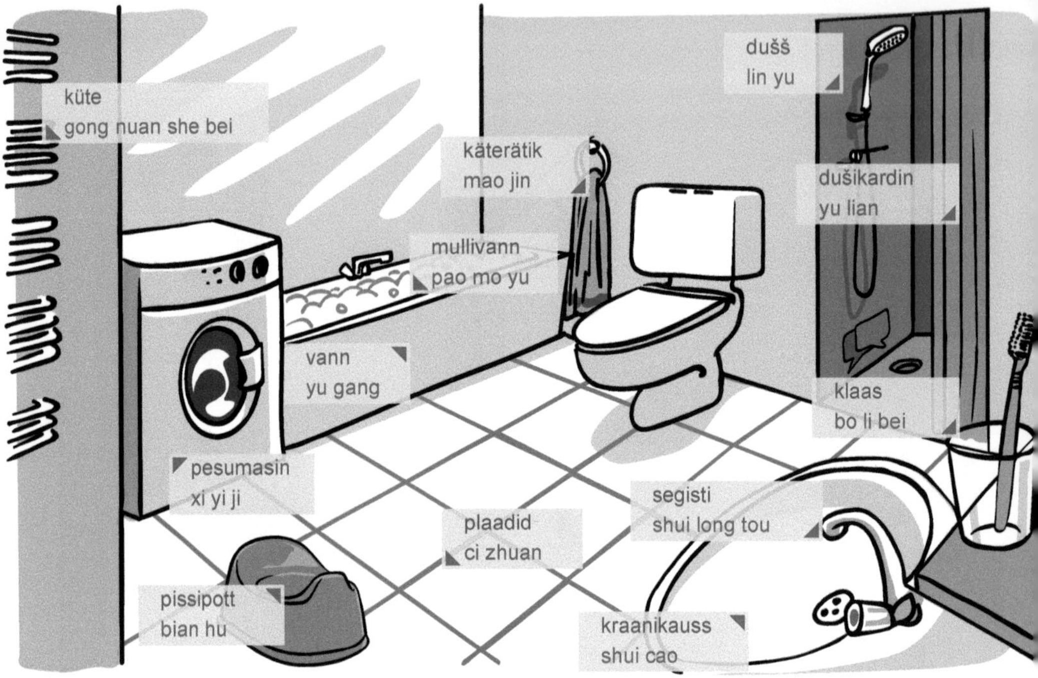

küte
gong nuan she bei
käterätik
mao jin
mullivann
pao mo yu
vann
yu gang
pesumasin
xi yi ji
pissipott
bian hu
plaadid
ci zhuan
dušš
lin yu
dušikardin
yu lian
klaas
bo li bei
segisti
shui long tou
kraanikauss
shui cao

WC-pott
ce suo

kükitamistualett
dun bian qi

bidee
zuo yu qi

pissuaar
xiao bian chi

tualettpaber
ce zhi

WC-hari
ma tong shua

hambahari

ya shua

hambapasta

ya gao

hambaniit

ya xian

pesema

xi

käsidušš

shou chi shi pen lin tou

intiimdušš

chong xi qi

pesukauss

xi lian pen

seljahari

ca bei shua

seep

fei zao

dušigeel

mu yu lu

šampoon

xi fa shui

vamm

fa lan rong

äravool

pai shui

kreem

ru shuang

deodorant

chu chou ji

peegel

jing zi

käsipeegel

shou jing

habemenuga

ti xu dao

raseerimisvaht

ti xu pao mo

habemevesi

xu hou shui

kamm

shu zi

hari

shua zi

föön

chui feng ji

juukselakk

pen fa ding xing ji

meigikomplekt

hua zhuang pin

huulepulk

chun gao

küünelakk

zhi jia you

vatt

hua zhuang mian

küünekäärid

zhi jia jian

parfüüm

xiang shui

tualett-tarvete kott
.................
xi shu bao

taburet
.................
deng zi

kaal
.................
ji zhong cheng

hommikumantel
.................
yu pao

kummikindad
.................
xiang jiao shou tao

tampoon
.................
wei sheng mian tiao

hügieeniside
.................
wei sheng jin

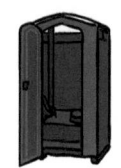

keemiline tualett
.................
hua xue ce suo

# lastetuba

# er tong fang

äratuskell
nao zhong
pehme mänguasi
mao rong wan ju
mänguauto
wan ju che
kõristi
bo lang gu
nukumaja
wan ju wu
kingitus
li wu

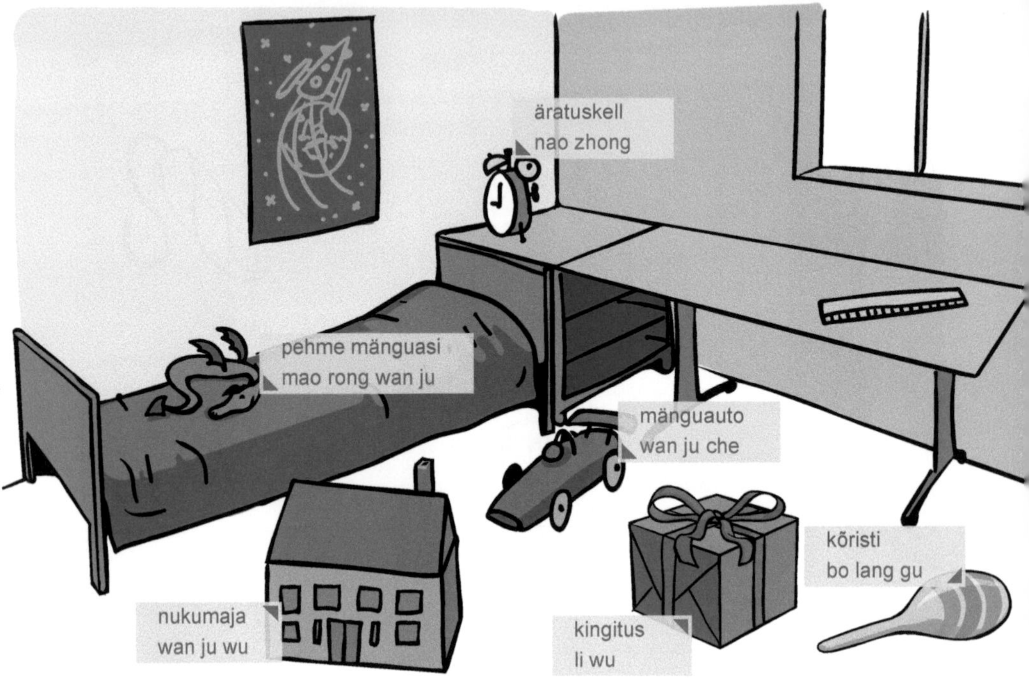

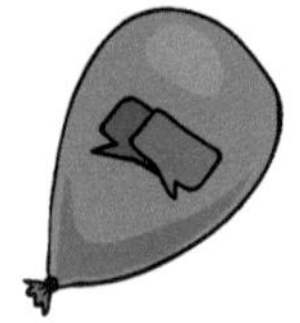

õhupall

qi qiu

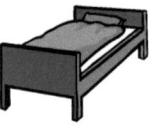

voodi

chuang

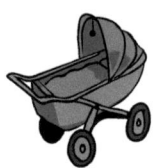

lapsevanker

(yang wa wa yong)ying er che

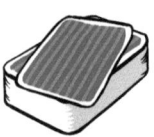

kaardipakk

pu ke pai

pusle

pin tu

SUPER MEGA

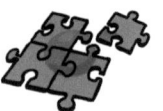

koomiks

man hua

Lego klotsid

le gao ji mu

klotsid

ji mu wan ju

kujuke

wan ju ren

siputuspüksid

ying er fu

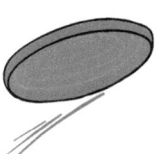

lendav taldrik

fei pan

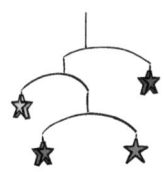

voodikarussell

chuang ling wan ju

lauamäng

qi pan you xi

täringud

shai zi

mudelrong

huo che mo xing

lutt

an fu nai zui

pidu

ju hui

pildiraamat

hui ben

pall

qiu

nukk

yang wa wa

mängima

wan

liivakast

sha keng

kiik

qiu qian

mänguasjad

wan ju

mängukonsool

you xi ji

kolmerattaline jalgratas

san lun che

mängukaru

tai di xiong

riidekapp

yi chu

## riietus
## yi fu

sokid

wa zi

sukad

chang wa

sukkpüksid

jin shen ku

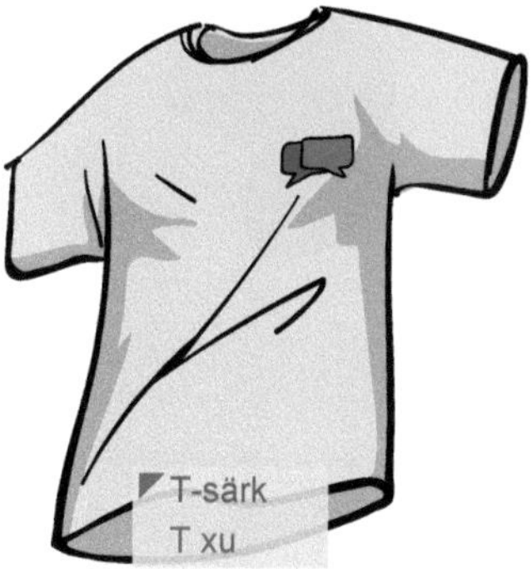

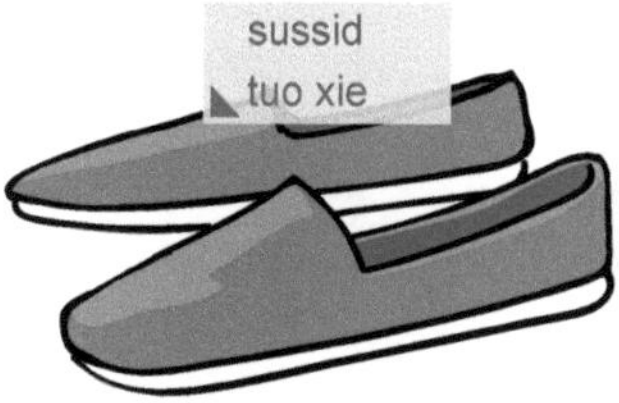

sall
wei jin

vöö
pi dai

vihmavari
yu san

T-särk
T xu

saapad
xue zi

sussid
tuo xie

tossud
yun dong xie

sandaalid

liang xie

jalatsid

xie

kummikud

yu xue

aluspüksid

nei ku

rinnahoidja

xiong zhao

vest

bei xin

**bodi**

shen ti

**püksid**

ku zi

**teksapüksid**

niu zai ku

**seelik**

duan qun

**pluus**

nü shi chen shan

**särk**

chen shan

**sviiter**

tao tou shan

**dressipluus**

wei yi

**bleiser**

xi zhuang jia ke

**jakk**

jia ke

**mantel**

wai tao

**vihmamantel**

yu yi

**kostüüm**

tao zhuang

**kleit**

lian yi qun

**pulmakleit**

hun sha

ülikond

xi zhuang

öösärk

shui pao

pidžaama

shui yi

sari

sha li

pearätt

tou jin

turban

bao tou jin

burka

bo ka

kaftan

ka fu tan

abayah

(a la bo shi)chang pao

ujumistrikoo

yong yi

ujumispüksid

nan shi yong ku

lühikesed püksid

duan ku

dressid

yun dong fu

põll

wei qun

kindad

shou tao

nööp

niu kou

prillid

yan jing

käevõru

shou lian

kaelakee

xiang lian

sõrmus

jie zhi

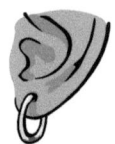

kõrvarõngas

er huan

nokamüts

bian mao

riidepuu

yi jia

kaabu

mao zi

lips

ling dai

tõmblukk

la lian

kiiver

tou kui

traksid

bei dai

koolivorm

xiao fu

vormirõivad

zhi fu

pudipõll
.................
wei dou

lutt
.................
an fu nai zui

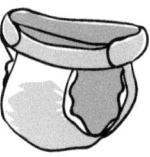

mähe
.................
niao bu shi

## kontor

## ban gong shi

server
fu wu qi

arhiivikapp
wen jian gui

printer
da yin ji

paber
zhi

monitor
xian shi ping

kirjutuslaud
ban gong zhuo

hiir
shu biao

kaust
wen jian jia

klaviatuur
jian pan

paberikorv
fei zhi kuang

arvuti
dian nao

tool
yi zi

kohvikruus
.................
ka fei bei

kalkulaator
.................
ji suan qi

internet
.................
yin te wang

süulearvuti

bi ji ben dian nao

kiri

xin jian

sõnum

xiao xi

mobiiltelefon

shou ji

võrk

wang luo

koopiamasin

fu yin ji

tarkvara

ruan jian

telefon

dian hua

pistikupesa

cha zuo

faksimasin

chuan zhen ji

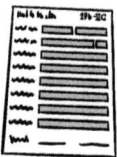

vorm

biao ge

dokument

wen jian

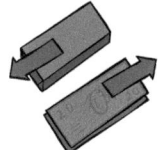

ostma

mai

maksma

fu qian

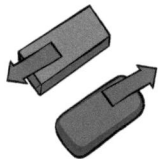

vahetama

jiao yi

raha

xian jin

dollar

mei yuan

euro

ou yuan

jeen

ri yuan

rubla

lu bu

Šveitsi frank

rui shi fa lang

renminbi jüaan

ren min bi

ruupia

lu bi

sularahaautomaat

ti kuan chu

valuutavahetuspunkt

wai bi dui huan chu

kuld

jin

hõbe

yin

nafta

shi you

energia

neng yuan

hind

jia ge

leping

he tong

maks

shui jin

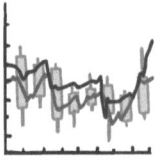

aktsia

gu piao

töötama

gong zuo

töötaja

zhi yuan

tööandja

lao ban

tehas

gong chang

kauplus

shang dian

# ametid

# zhi ye

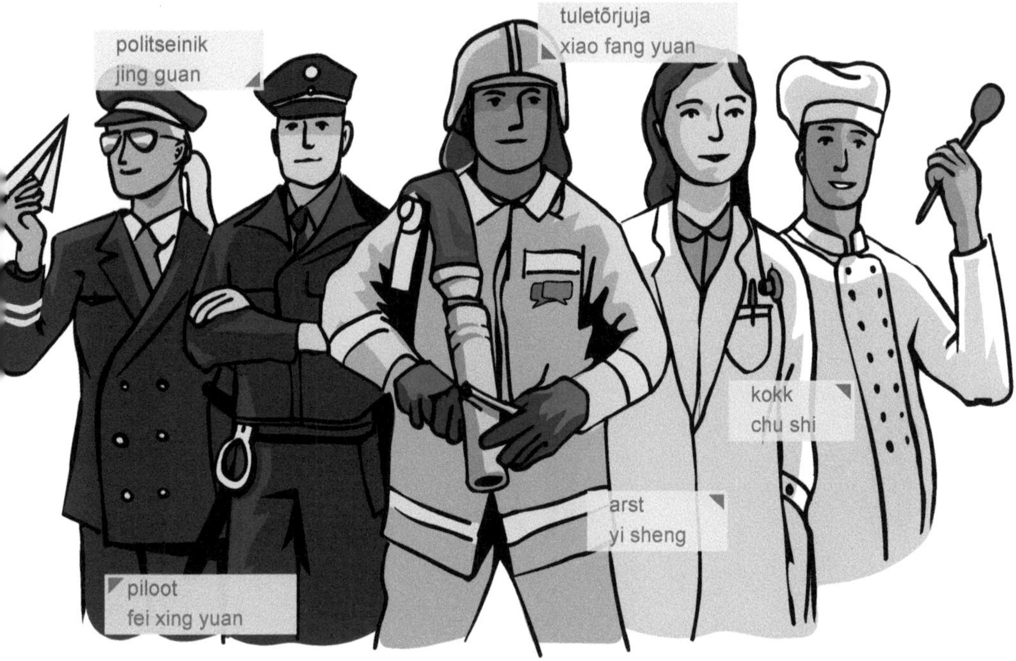
politseinik
jing guan
tuletõrjuja
xiao fang yuan
kokk
chu shi
arst
yi sheng
piloot
fei xing yuan

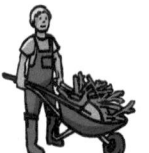

aednik

yuan ding

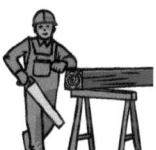

puusepp

mu jiang

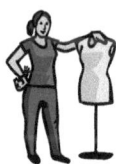

õmbleja

cai feng

kohtunik

fa guan

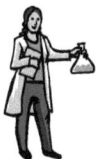

keemik

hua xue jia

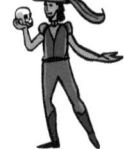

näitleja

yan yuan

bussijuht

gong jiao che si ji

taksojuht

chu zu che si ji

kalamees

yu fu

koristaja

qing jie nü gong

katusepaigaldaja

wu ding gong

kelner

fu wu yuan

jahimees

lie ren

maaler

hua jia

pagar

mian bao shi

elektrik

dian gong

ehitaja

jian zhu gong ren

insener

gong cheng shi

lihunik

tu fu

torumees

shui guan gong

postiljon

you di yuan

sõdur

shi bing

arhitekt

jian zhu shi

kassapidaja

shou yin yuan

lillemüüja

hua nong

juuksur

li fa shi

piletikontrolör

shou piao yuan

mehaanik

ji xie shi

kapten

chuan zhang

hambaarst

ya yi

teadlane

ke xue jia

rabi

la bi

imaam

yi ma mu

munk

he shang

preester

mu shi

# tööriistad

## gong ju

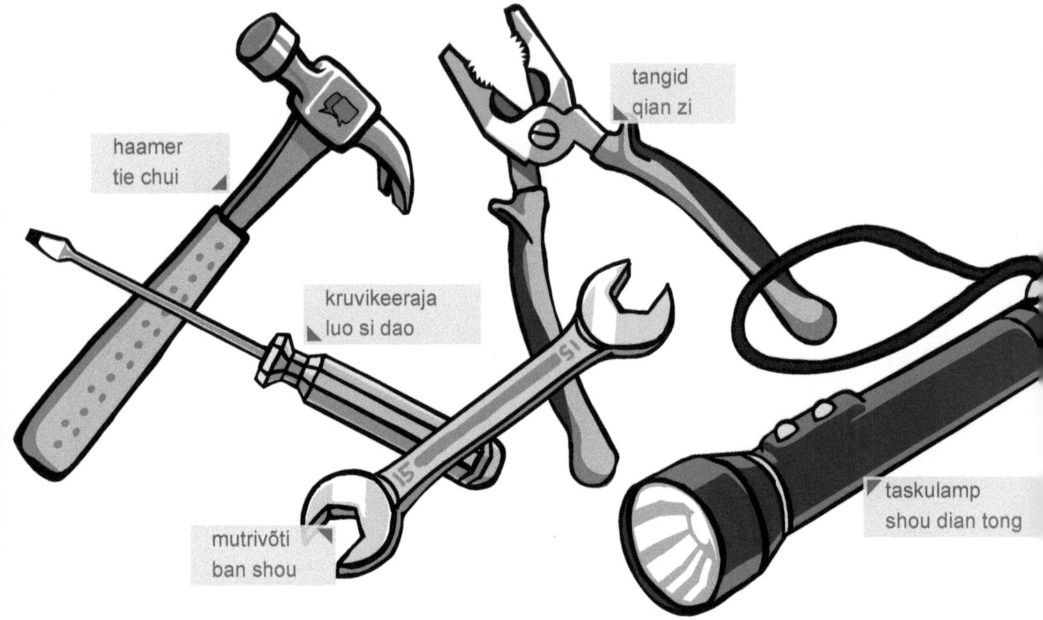

tangid
qian zi
haamer
tie chui
kruvikeeraja
luo si dao
taskulamp
shou dian tong
mutrivõti
ban shou


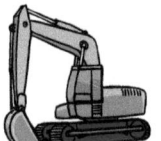

ekskavaator

wa jue ji

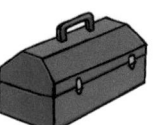

tööriistakast

gong ju xiang

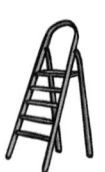

redel

ti zi

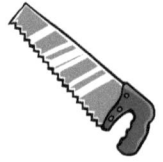

saag

ju zi

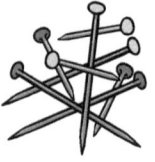

naelad

ding zi

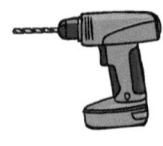

trell

zuan ji

parandama
xiu

labidas
chan zi

Põrgusse!
kao!

kühvel
bo ji

värvipott
you qi tong

kruvid
luo si

## pillid
## yue qi

trummikomplekt
da ji yue qi

kontrabass
di yin ti qin

trompet
xiao hao

kõlar
yang sheng qi

kitarr
ji ta

klaver

gang qin

viiul

xiao ti qin

bass

bei si

timpan

ding yin gu

trummid

gu

süntesaator

dian zi qin

saksofon

sa ke si guan

flööt

chang di

mikrofon

mai ke feng

# loomaaed

# dong wu yuan

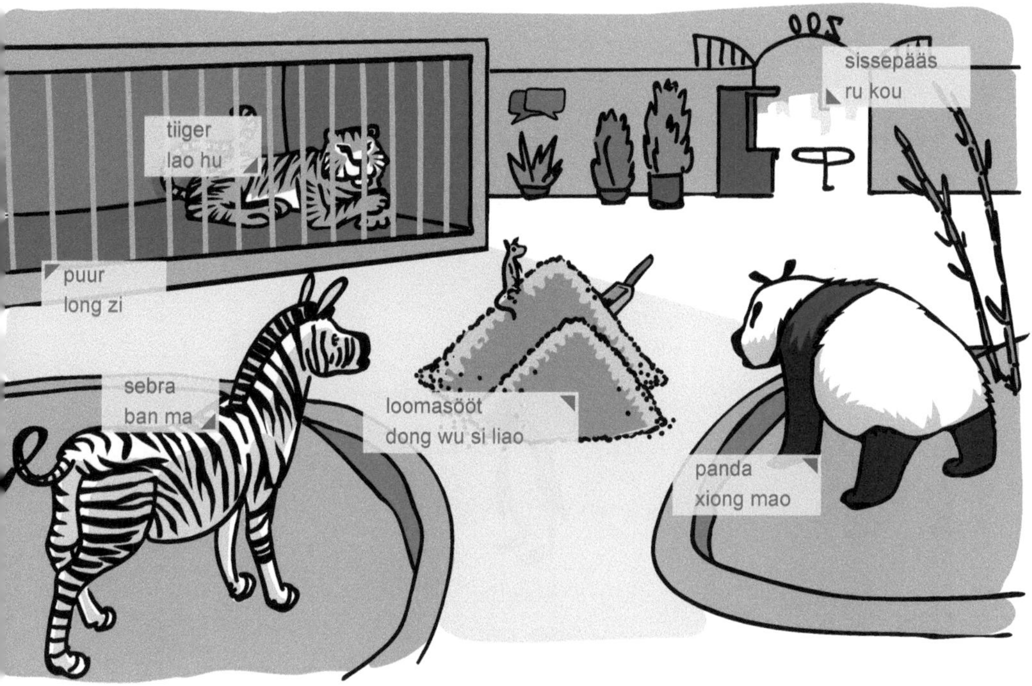

sissepääs
ru kou
tiiger
lao hu
puur
long zi
sebra
ban ma
loomasööt
dong wu si liao
panda
xiong mao


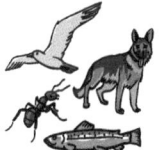

loomad

dong wu

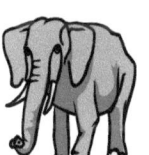

elevant

da xiang

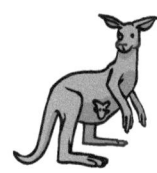

känguru

dai shu

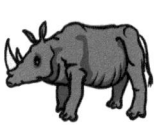

ninasarvik

xi niu

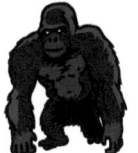

gorilla

da xing xing

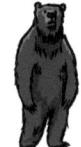

karu

xiong

kaamel

luo tuo

jaanalind

tuo niao

lõvi

shi zi

ahv

hou zi

flamingo

huo lie niao

papagoi

ying wu

jääkaru

bei ji xiong

pingviin

qi e

hai

sha yu

paabulind

kong que

madu

she

krokodill

e yu

loomaaiatalitaja

dong wu yuan guan li yuan

hüljes

hai bao

jaaguar

mei zhou bao

poni

ai zhong ma

leopard

bao

jõehobu

he ma

kaelkirjak

chang jing lu

kotkas

lao ying

metssiga

ye zhu

kala

yu

kilpkonn

gui

morsk

hai xiang

rebane

hu li

gasell

ling yang

Ameerika jalgpall
gan lan qiu

jalgrattasõit
qi zi xing che

tennis
wang qiu

korvpall
lan qiu

ujumine
you yong

poksimine
quan ji

jäähoki
bing qiu

jalgpall
ying shi zu qiu

sulgpall
yu mao qiu

kergejõustik
tian jing

käsipall
shou qiu

suusatamine
hua xue

polo
ma qiu

# tegevused
# huo dong

naerma
xiao
hüppama
tiao
kallistama
yong bao
jalutama
zou lu
laulma
chang
unistama
zuo meng
palvetama
qi dao
suudlema
qin wen

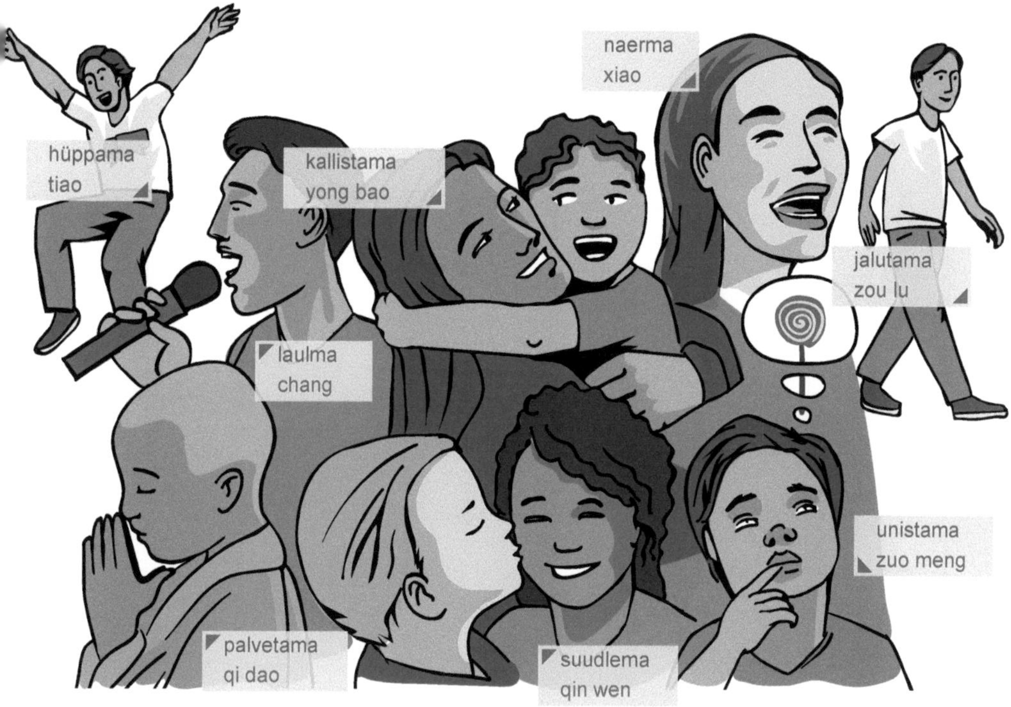

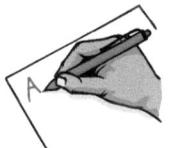

kirjutama

shu xie

joonistama

hua

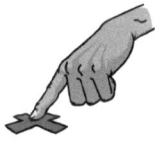

näitama

zhan shi

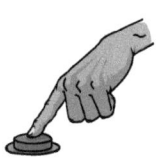

lükkama

tui

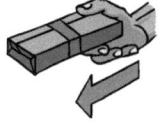

andma

gei

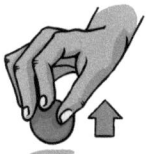

võtma

na

omama

you

tegema

zuo

olema

dang

seisma

zhan

jooksma

pao

tõmbama

la

viskama

reng

kukkuma

shuai dao

lamama

tang

ootama

deng dai

kandma

xie dai

istuma

zuo

riidesse panema

chuan yi

magama

shui jiao

ärkama

xing lai

vaatama
......................
kan

nutma
......................
ku

paitama
......................
fu mo

kammima
......................
shu tou

rääkima
......................
jiao tan

aru saama
......................
ming bai

küsima
......................
wen

kuulama
......................
ting

jooma
......................
he

sööma
......................
chi

korrastama
......................
qing li

armastama
......................
ai

süüa tegema
......................
zuo fan

sõitma
......................
kai che

lendama
......................
fei

purjetama

hang xing

arvutama

ji suan

lugema

du

õppima

xue xi

töötama

gong zuo

abielluma

jie hun

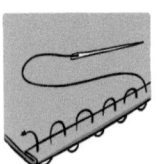

õmblema

feng

hambaid pesema

shua ya

tapma

sha

suitsetama

chou yan

saatma

ji

vanaema
zu mu

vanaisa
zu fu

isa
fu qin

ema
mu qin

imik
ying tong

tütar
nü er

poeg
er zi

külaline

ke ren

tädi

a yi

onu

shu shu

vend

xiong di

õde

jie mei

# keha

## shen ti

otsmik
qian e
silm
yan jing
õlg
jian bang
sõrm
shou zhi
nägu
lian
lõug
xia ba
käsi
shou
jalg
tui
rind
ru fang
käsivars
shou bi


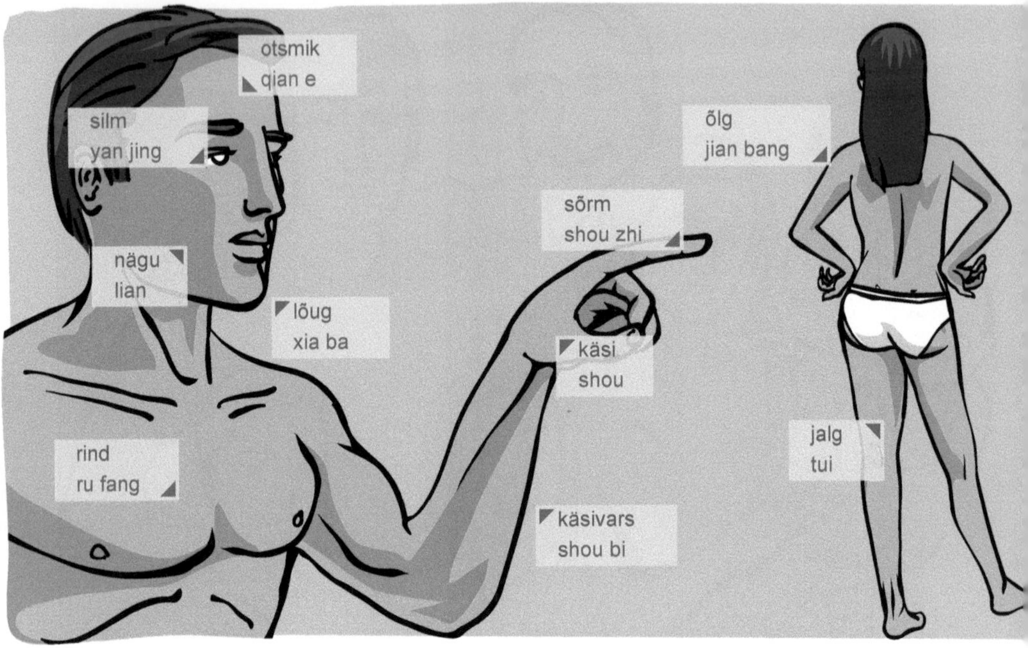

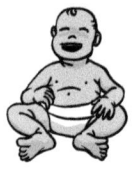

imik

ying tong

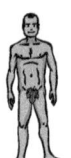

mees

nan ren

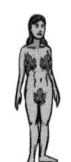

naine

nü ren

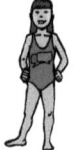

tüdruk

nü hai

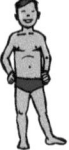

poiss

nan hai

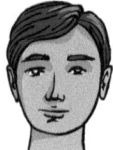

pea

tou

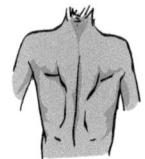

selg

bei bu

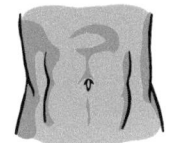

kõht

du zi

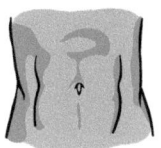

naba

du qi

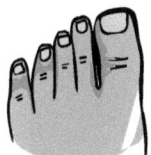

varvas

jiao zhi

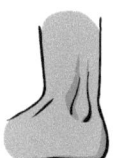

kand

jiao hou gen

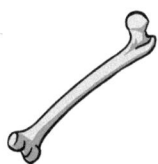

luu

gu tou

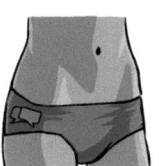

puus

tun bu

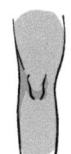

põlv

xi gai

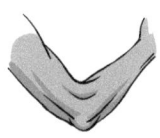

küünarnukk

shou zhou

nina

bi zi

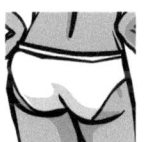

tagumik

pi gu

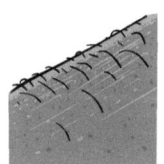

nahk

pi fu

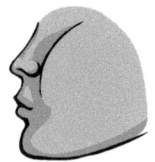

põsk

lian jia

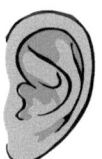

kõrv

er duo

huuled

zui chun

suu
................
zui

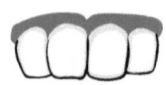

hammas
................
ya chi

keel
................
she tou

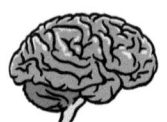

aju
................
nao

süda
................
xin zang

lihas
................
ji rou

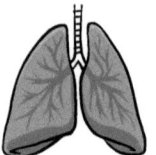

kops
................
fei

maks
................
gan zang

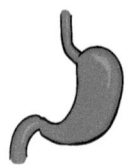

magu
................
wei

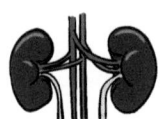

neerud
................
shen zang

seksuaalvahekord
................
xing jiao

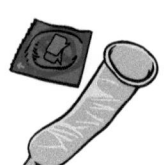

kondoom
................
bi yun tao

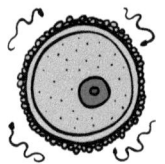

munarakk
................
luan zi

sperma
................
jing zi

rasedus
................
huai yun

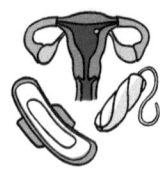

menstruatsioon

yue jing

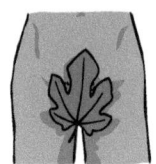

vagiina

yin dao

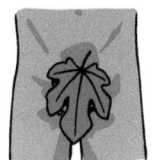

peenis

yin jing

kulm

mei mao

juuksed

tou fa

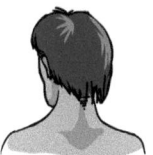

kael

bo zi

# haigla
## yi yuan

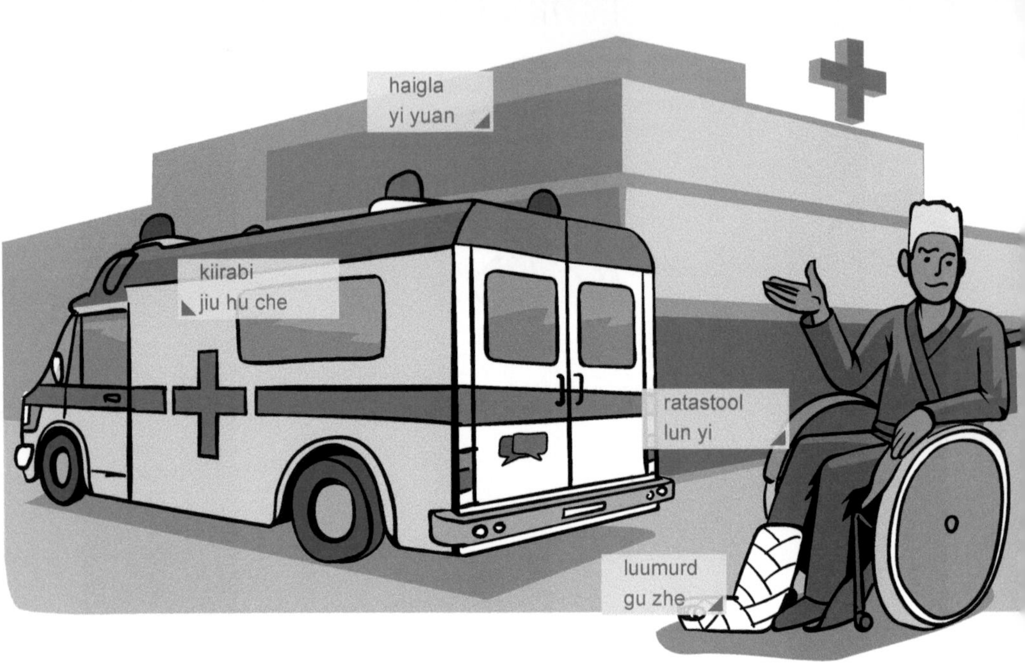

haigla
yi yuan
kiirabi
jiu hu che
ratastool
lun yi
luumurd
gu zhe


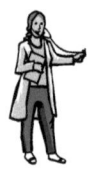

arst

yi sheng

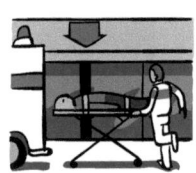

traumapunkt

ji zhen shi

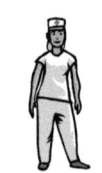

meditsiiniõde

hu shi

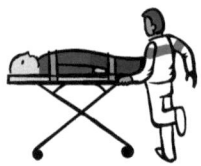

hädaolukord

jin ji qing kuang

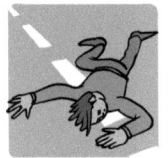

teadvuseta

hun mi

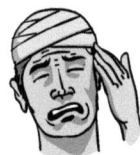

valu

tong

vigastus

shou shang

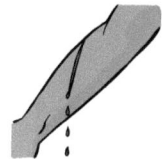

verejooks

chu xue

südamerabandus

xin zang bing fa zuo

insult

zhong feng

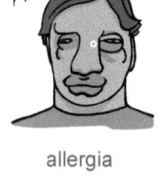

allergia

guo min

köha

ke sou

palavik

fa shao

gripp

liu gan

kõhulahtisus

fu xie

peavalu

tou tong

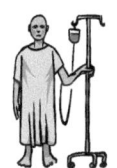

vähk

ai zheng

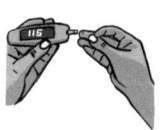

diabeet

tang niao bing

kirurg

wai ke yi sheng

skalpell

shou shu dao

operatsioon

shou shu

KT
CT

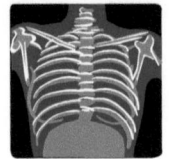

röntgen
X guang

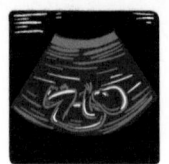

ultraheli
chao sheng bo

mask
kou zhao

haigus
ji bing

ooteruum
hou zhen shi

kark
guai zhang

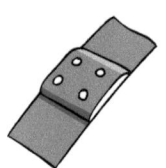

kips
shi gao

side
beng dai

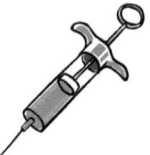

süst
zhu she

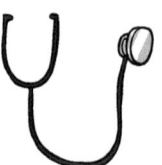

stetoskoop
ting zhen qi

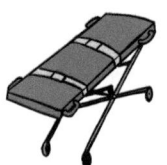

kanderaam
dan jia

kraadiklaas
ti wen ji

sünd
chu sheng

ülekaaluline
chao zhong

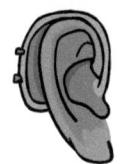

kuuldeaparaat

zhu ting qi

desinfektsioonivahend

xiao du ye

põletik

gan ran

viirus

bing du

HIV / AIDS

ai zi bing

meditsiin

yao wu

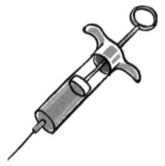

vaktsineerimine

jie zhong yi miao

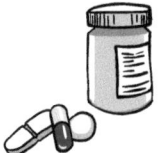

tabletid

yao pian

pill

yao wan

hädaabikõne

ji jiu dian hua

vererõhuaparaat

xue ya ji

haige / terve

sheng bing/jian kang

Appi!

jiu ming!

häire

jing bao

kallaletung

tu ji

rünnak

gong ji

oht

wei xian

avariiväljapääs

jin ji chu kou

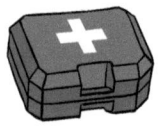

Tulekahju!

zhao huo la!

tulekustuti

mie huo qi

õnnetus

yi wai

esmaabikomplekt

ji jiu xiang

SOS

hu jiu xin hao

politsei

jing cha

Euroopa

ou zhou

Põhja-Ameerika

bei mei zhou

Lõuna-Ameerika

nan mei zhou

Aafrika

fei zhou

Aasia

ya zhou

Austraalia

ao zhou

Atlandi ookean

da xi yang

Vaikne ookean

tai ping yang

India ookean

yin du yang

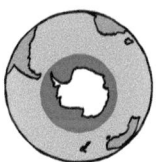

Lõuna-Jäämeri

nan bing yang

Põhja-Jäämeri

bei bing yang

põhjapoolus

bei ji

lõunapoolus
............
nan ji

Antarktika
............
nan ji zhou

Maa
............
di qiu

maismaa
............
lu di

meri
............
hai

saar
............
dao

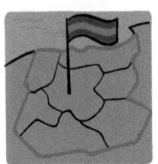

rahvus
............
guo jia

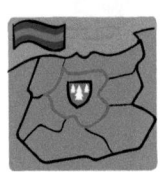

riik
............
guo jia

sihverplaat

zhong mian

tunniosuti

shi zhen

minutiosuti

fen zhen

sekundiosuti

miao zhen

Mis kell on?

xian zai ji dian?

päev

tian

aeg

shi jian

praegu

xian zai

digitaalne kell

dian zi biao

minut

fen

tund

shi

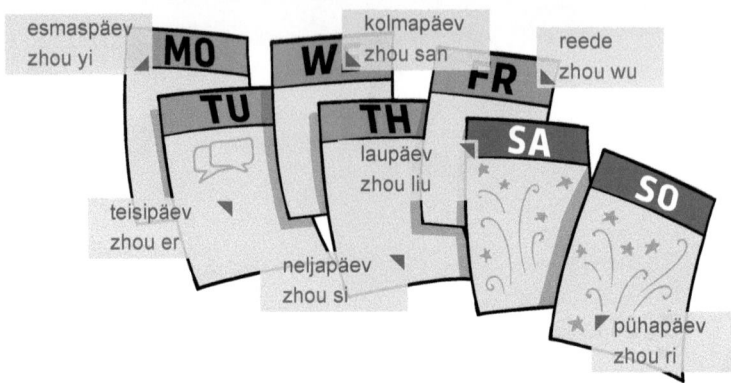

esmaspäev
zhou yi

kolmapäev
zhou san

reede
zhou wu

teisipäev
zhou er

laupäev
zhou liu

neljapäev
zhou si

pühapäev
zhou ri

eile
zuo tian

täna
jin tian

homme
ming tian

hommik
zao chen

lõuna
zhong wu

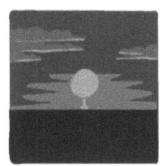

õhtu
wan shang

| MO | TU | WE | TH | FR | SA | SU |
|----|----|----|----|----|----|----|
| 1 | 2 | 3 | 4 | 5 | 6 | 7 |
| 8 | 9 | 10 | 11 | 12 | 13 | 14 |
| 15 | 16 | 17 | 18 | 19 | 20 | 21 |
| 22 | 23 | 24 | 25 | 26 | 27 | 28 |
| 29 | 30 | 31 | 1 | 2 | 3 | 4 |

tööpäevad
gong zuo ri

| MO | TU | WE | TH | FR | SA | SU |
|----|----|----|----|----|----|----|
| 1 | 2 | 3 | 4 | 5 | 6 | 7 |
| 8 | 9 | 10 | 11 | 12 | 13 | 14 |
| 15 | 16 | 17 | 18 | 19 | 20 | 21 |
| 22 | 23 | 24 | 25 | 26 | 27 | 28 |
| 29 | 30 | 31 | 1 | 2 | 3 | 4 |

nädalavahetus
zhou mo

# aasta
# nian

vihm
yu
vikerkaar
cai hong
tuul
feng
lumi
xue
kevad
chun
suvi
xia
sügis
qiu
talv
dong

4.APRIL 11°
5.APRIL 4°
6.APRIL 13°
7.APRIL 8°
8.APRIL 10°

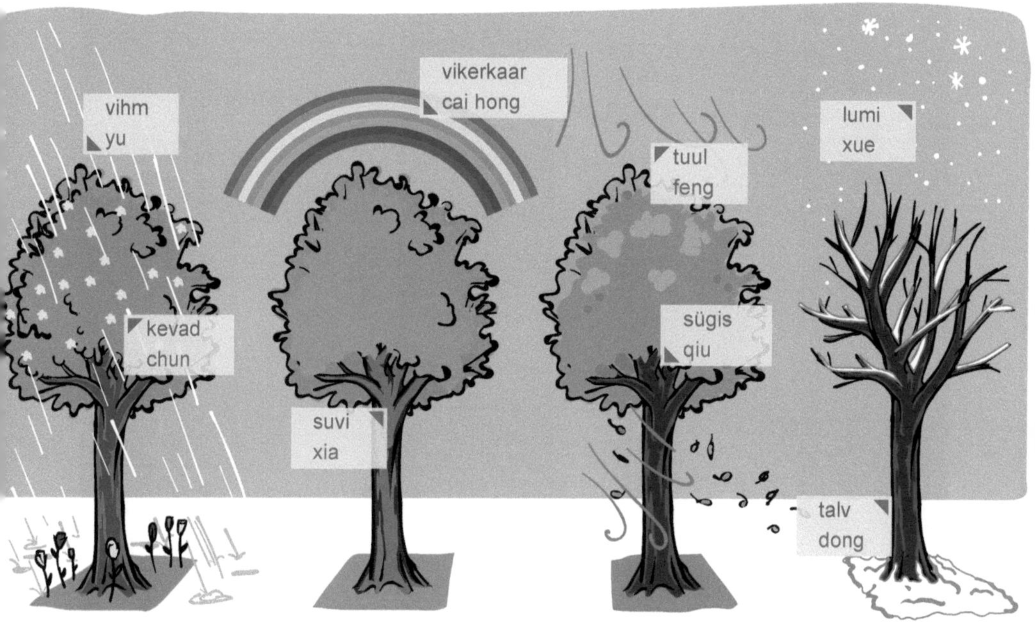

ilmaennustus

tian qi yu bao

F
C
120
90
60
30
0
-30
40
30
20
10
0
-10
-20

termomeeter

wen du ji

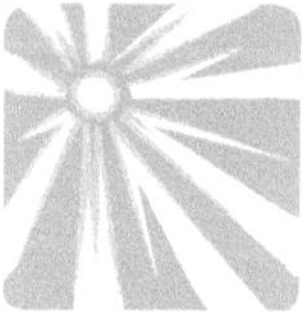

päikesepaiste

yang guang

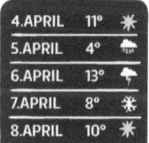

pilv

yun

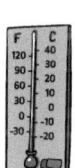

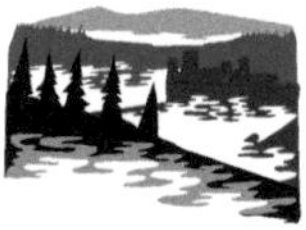

udu

wu

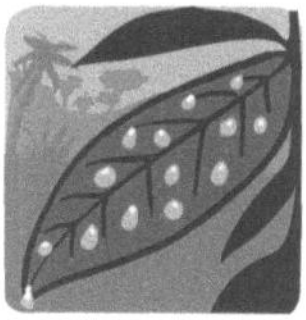

niiskus

chao shi

pikne

shan dian

kõu

da lei

torm

feng bao

rahe

bing bao

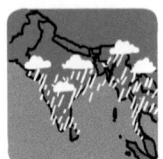

mussoon

ji feng

üleujutus

hong shui

jää

bing

jaanuar

yi yue

veebruar

er yue

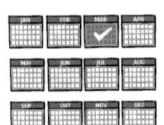

märts

san yue

aprill

si yue

mai

wu yue

juuni

liu yue

juuli

qi yue

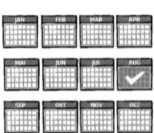

august

ba yue

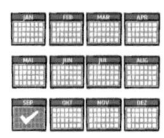

september
.....................
jiu yue

oktoober
.....................
shi yue

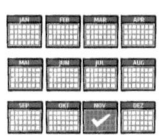

november
.....................
shi yi yue

detsember
.....................
shi er yue

# kujundid

## xing zhuang

ring
.....................
yuan xing

ruut
.....................
zheng fang xing

nelinurk
.....................
chang fang xing

kolmnurk
.....................
san jiao xing

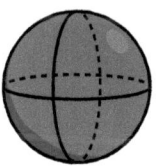

kera
.....................
qiu ti

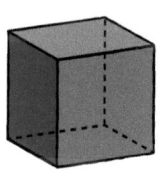

kuup
.....................
li fang ti

valge

bai

kollane

huang

oranž

cheng

roosa

fen

punane

hong

lilla

zi

sinine

lan

roheline

lü

pruun

zong

hall

hui

must

hei

palju / vähe

hen duo/shao xu

vihane / rahulik

sheng qi/ping jing

ilus / inetu

mei/chou

algus / lõpp

shou/wei

suur / väike

da/xiao

hele / tume

ming/an

vend / õde

xiong di/jie mei

puhas / must

gan jing/ang zang

täielik / puudulik

wan zheng/que shi

päev / öö

bai tian/wan shang

surnud / elus

si/sheng

lai / kitsas

kuan/zhai

söödav / mittesöödav

ke shi yong/fei shi yong

kuri / sõbralik

xie e/shan liang

põnevil / tüdinud

xing fen/wu liao

paks / peenike

pang/shou

esimene / viimane

di yi/zui hou

sõber / vaenlane

peng you/di ren

täis / tühi

man/kong

kõva / pehme

ying/ruan

raske / kerge

zhong/qing

nälg / janu

e/ke

haige / terve

sheng bing/jian kang

ebaseaduslik / seaduslik

fei fa/he fa

tark / rumal

cong ming/yu ben

vasak / parem

zuo/you

lähedal / kaugel

jin/yuan

uus / kasutatud
.................
xin/jiu

mitte midagi / midagi
.................
mei you/you xie

vana / noor
.................
lao/you

sees / väljas
.................
kai/guan

lahti / kinni
.................
da kai/he shang

vaikne / vali
.................
an jing/chao nao

rikas / vaene
.................
fu/qiong

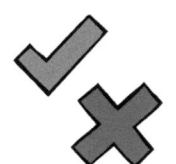

õige / vale
.................
dui/cuo

kare / sile
.................
cu cao/guang hua

kurb / rõõmus
.................
shang xin/gao xing

lühike / pikk
.................
duan/chang

aeglane / kiire
.................
man/kuai

märg / kuiv
.................
shi/gan

soe / jahe
.................
wen nuan/liang shuang

sõda / rahu
.................
zhan zheng/he ping

**0**

null

ling

**1**

üks

yi

**2**

kaks

er

**3**

kolm

san

**4**

neli

si

**5**

viis

wu

**6**

kuus

liu

**7**

seitse

qi

**8**

kaheksa

ba

**9**

üheksa

jiu

**10**

kümme

shi

**11**

üksteist

shi yi

**12**

kaksteist

shi er

**13**

kolmteist

shi san

**14**

neliteist

shi si

**15**

viisteist

shi wu

**16**

kuusteist

shi liu

**17**

seitseteist

shi qi

**18**

kaheksateist

shi ba

**19**

üheksateist

shi jiu

**20**

kakskümmend

er shi

**100**

sada

bai

**1.000**

tuhat

qian

**1.000.000**

miljon

bai wan

inglise
ying yu

Ameerika inglise
mei shi ying yu

mandariini
pu tong hua

hindi
yin di yu

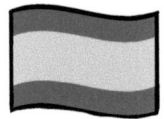

hispaania
xi ban ya yu

prantsuse
fa yu

araabia
a la bo yu

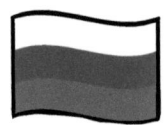

vene
e yu

portugali
pu tao ya yu

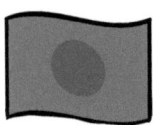

bengali
feng jia la yu

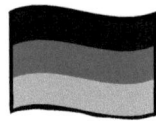

saksa
de yu

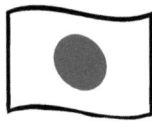

jaapani
ri yu

mina
........................
wo

sina
........................
ni

tema
........................
ta/ta/ta

meie
........................
wo men

teie
........................
ni men

nemad
........................
ta men

kes?
........................
shei?

mis?
........................
shen me?

kuidas?
........................
zen yang?

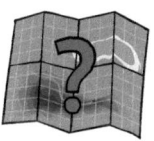

kus?
........................
na li?

millal?
........................
shen me shi hou?

nimi
........................
ming zi

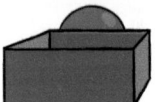

taga

hou mian

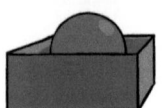

sees

li mian

ees

qian mian

kohal

shang fang

peal

shang mian

all

xia mian

kõrval

pang bian

vahel

zhong jian

koht

di dian